Les Poemes de Feu et Fer

Une célébration de la vie, de l'amitié et de mon amour pour la Kabylie et l'Algérie.

La Force du Feu Doux

L'Amour a bout de souffle, au pointe des pieds, les ailes
etendues,
le coeur battant et la voix en douce extase comme une
colombe au matins de printemps,
je ne sais plus où commence ton coeur et ou le mien finit.

Haut avec le rire du vent, et le sourire du ciel, je vole,
pour etre pres de toi,
je perds toute illusion, toute peur, sure de ta main dans la
mienne,
sure de tes bras qui m'encerclent tel que le soleil brûlant
la lune la nuit.

Unis avec les etoiles, unis avec le temps et ses mysteres,
le sang dans mes veines coule dans le sang dans tes
veines,
deux roses rouges, au parfum fort de la vie et de l'amour.

C'est la force du feu doux qu'est ton âme pour moi,

la tendresse de ta patience, la grace de ton courage,

qui me remplit le corps, le souffle, le regard, de joie.

Tu es mon esprit, tu es ma voix, tu es le feu doux qui ne

brûle pas.

Tu es la racine forte et l'ombre douce de l'arbre qui berce

la lumière de l'amour heureux que je n'aurais jamais

connue sans toi.

Animus omnia vincit.

Vol de Nuit Mystique

Si par hasard on vous dit que le mystère n'existe pas, que
le ciel ne révèle pas sa charité,
je sais que le contraire est vrai, car c'est le ciel et son
Esprit qui m'ont mené le chemin de ma vie vers toi.

Toute une vie d'errance solitaire, pour entendre un jour,
haut dans le ciel bleu, le cri de l'Esprit sur
les ailes d'un aigle grand et fort, m'annonceant ta
presence, ta charite vers moi.
Le silence un camarade toute ma vie, le cri de l'aigle le
rend maintenant une chanson de joie.

Loin des yeux du monde et les limites de ses illusions, tu
donnes de l'ombre à mes pas,
tu es la, souffle de mon souffle, coeur de de mon coeur,
energie de mon courage.
Tu es le feu chaud qui ne brûle pas, la lumière blanche de
mes poèmes.

Tu es l'étoile du Nord de mes prières, celui qui n'a peur de rien,
l'esprit gardien de mes rêves la nuit, de mes défis le jour.
Tu es l'amour éternel, qui purifie mon corps, rend fort mon esprit.

Guerrier à côté de moi, mon esprit de l'aigle, mon esprit gardien,
tu es ma fortitude, mon oasis, ma douceur, mon inspiration, le courage pour l'amour spirituel, fidèle à l'Esprit et au ciel.

La Palette - dédiée au Courage du Coeur

La pluie tombe encore, sa danse une musique ruisselante
et sonore
qui illumine les arbres avec une lumière verte brillante.
Le ciel porte un manteau lourd de nuages d'argent, chaud
et réconfortant.

Les oiseaux volent sur des ailes qui se déplacent comme
des éclats d'étoiles,
et les fleurs dans leurs couleurs douces et fortes,
paraissent des rangs d'enfants
fiers d'être sur parade, avec les libellules qui font des
pirouettes comme des petites statuettes en cristal.

Tout est si beau avec la palette que lui donne le courage
de coeur,
tout chante de bonheur, c'est la magie de l'énergie et du
feu fort

que sait créer et donner à l'âme et à l'esprit cette force

qu'on appelle l'amour.

Avec Dieu comme peintre, et l'amour son pinceau sûr et

précis,

mes yeux voient l'univers comme bénévole et sublime,

ce n'est pas l'absence du mal, c'est la présence du bien,

c'est cette résistance et courage dont le coeur qui aime est

capable.

C'est quand le coeur est ouvert, vulnérable

complètement, que l'amour récompense

ce courage avec une force et témérité indestructibles et

féroces, qui donne à l'héros

et l'amant leur courage et leur passion, pour vaincre

l'âme et le corps

et connaitre la liberte supreme, la joie divine

d'aimer avec telle conviction à une terre, a un etre qu'on

adore, que le ciel même s'ouvre les portails.

La Racine - inspiré par une photo de Zidani Azeddine des Marcheurs

Sur un sentier haut ou les nuages touchent le souffle du ciel,
je me promene et je me ressource avec la présence de vos montagnes forts et éternels.

L'herbe et les roches un mélange de tendresse et résistance comme mon coeur berbère
qui marche sur ces montagnes depuis des milliers d'années.

Toi, montagne, esprit de sagesse silencieuse, gardien de patience et mystères irrésolus,
tu m'accompagnes, tu me parles quand les mots me fatiguent, épuisé par la vie et ses exigences.

Toi qui me connais le miroir de l'âme, le doute la nuit, la mélancolie le matin, tu m'accompagnes, et dans ta présence je suis libre, et je perds la peur, je nourris mon courage.

Je suis homme berbère, je suis terre, comme toi, montagne, camarade, tu me guéris l'esprit comme tes arbres qui parlent aux etoiles des héros de mon pays.

L'histoire se répète, l'histoire se perd, et avec toi, a chaque fois, je retrouve le chemin.
Je suis racine, je suis terre, et je me confie à toi, montagne, pour me guider à travers le brouillard du temps qui s'égare avec le bruit du monde, ses monstres et ses guerres.

Ici, au sommet de Takoucht, je marche et je rêve, et le tambour rythmique qu'est ma détermination,
ma résolution, je la trouve avec toi, montagne, parmi tes cèdres anciens, tes silences sonores.

Tu es ma memoire, ma dignite. A toi, je confie le futur de mes enfants, le repos de ma vie, la dignité de mon passé, l'espoir de mon présent, la révérence de mes supplications.

Ce poème fut inspiré par l'album de 30 photos du 19 mai 2019, de Zidani Azeddine, photographe de la nature du groupe des randonneurs Les Marcheurs. L'album est une célébration de la beauté virile et pure du sommet de Takoucht, à Ait Smail, Bejaia, un pic qui culmine à 1864 mètres d'altitude.

Le Chant du Ciel Doré de Katia Djabri

Je sais très bien que l'or ca se trouve aux profondeurs de
la terre,

je comprends que son éclat est un mystère pourtant venu
du ciel et ses astres.

Je sais que les nuages ne résistent pas parfois d'être
poète,

et c'est eux qui m'ont peint le soir et le soleil en robes et
couronne éclatantes.

Le monde des hommes et ses affaires est parfois si
fatigant, tant de bruit,

tant d'illusions, ce n'est pas une surprise que devant ce
ciel, je trouve la paix un bon moment.

Devant son silence soyeux et séduisant, je peux respirer
un peu plus avec aisance, je retourne chez moi avec ton
chant au coeur, et je crois à nouveau au chemin du
bonheur.

Chante, ciel, chante pour moi, pour mon pays, pour la terre, chante pour l'espoir et pour l'amour,
chante pour les sourires des enfants, chante pour un futur plein de promesses, plein de chances.
Tu es le témoin de tant d'histoire, tu te rappelles tant de défis et tant de courage.
Ouvre tes bras avec charité envers l'humanité, adoucit les coeurs durs et rend fortes les âmes timides.

Chante, ciel, tes melodies de beaute doree, de joie sublime, de sagesse, de camaraderie,
pour qu'on s'ouvre les mains comme les ailes des colombes, pour qu'on s'unit sur cette terre,
comme membres d'une grande famille, qui vivent tous sous la lumière de tes couleurs, ou la nature essaye de nous faire comprendre que le plus important est tout autour de nous, dans les silences de ta magnificence.

Cette chanson est dédiée à mon amie Katia Djabri et fut inspirée par sa photo de lundi, le 20 mai, sur Mer, Montagne, Nature d'un ciel de lumières magnifiques.

La Douleur, Elle coule comme une Rivière - inspiré par une photo de Kurt Lolo

La douleur, elle coule comme une rivière, elle marche en avant, elle s'en fou si elle ne nous plait pas.

Elle nous déchire en deux, et nous jette nus sur la rive.

Elle est sauvage, elle n'a pas de pitié, elle n'hésite pas, elle ramasse nos larmes pendant que l'aube

devienne encore la nuit.

La vie est une odyssée, et incertain est son sentier, le mieux qu'on peut espérer est d'avoir des compagnes a nos cotes.

Peu sont les réponses, peu les portes aux clés qui les ouvrent, il y a toujours une autre montagne, et son sommet toujours plus loin, les oiseaux haut dans le ciel volent libre et forts, tandis que nos pieds s'accrochent à la terre comme les racines d'un arbre.

La douleur, elle coule comme une rivière, son but est bien précis, elle enleve la poussiere de nos peurs, elle nous laisse plein de trous, et guérit en même temps nos voeux et nos espoirs.

Elle ne pose pas des questions, elle ne donne aucune raison, aucune charité, ou gentillesse, seule l'acier dur de son amertume.

Elle est une maîtresse au coeur froid, et elle t'embrasse en même temps qu'elle vous boit le sang.

La douleur est un mystère, et grands ses exigences, tout ce dont nous sommes sûrs c'est que tôt ou tard elle devient notre mariee. Son chant suit le rythme d'une rivière, suit la force de l'eau sûre de son trajet.

Elle est libre, elle n'a pas de maîtres, seul le but sur de ses flèches pendant qu'elle nous traque la piste.

Elle n'est pas cruelle, elle n'est pas sévère, elle est simplement la loi qui réverbère comme le cri du corbeau.

La douleur, elle coule comme une rivière, laissez - la vous envahir, avant qu'elle vous detruit.

Rendez- vous à elle comme a un amant fort, laissez - la vous seduire, pour qu'elle ensuite continué sur son chemin.

La douleur, elle coule comme une rivière, donc mieux vaut s'accrocher sans serrer, et ne vous en faites pas des rochers qui vont vous blesser, quand vous tombez dans la profondeur de ses eaux fortes, pendant que vous reprenez haleine avant qu'elle vous relache finalement.

Ce poème - chanson fut écrite originalement en anglais, sous le titre " Sorrow, she Flows like a River ". Je l'ai traduit ici parce que les sentiments de défi célèbrent l'esprit berbère de courage et détermination.

Merci a Aokas Tourisme, a Chamy Tout Court, a Djamil Diboune, a Katia Djabri, a Kamel Daoud, a Lofti Bouslah.

Merci a Lemnouer Khaled , a Zidani Azeddine et tous les amis et amies des randonneurs Les Marcheurs.

Merci a Mohamed Zerguini, a Achour Zemouri, a Fodil Bousba, a Djamal Merabti, et tous mes amis et amies du groupe Les Randonneurs des Babors.

Merci pour votre camaraderie, votre esprit ouvert, votre générosité envers cette flamande errante qui dans vos coeurs grands et beaux a trouvé le chemin de retour vers son âme.

Que Dieu benisse et protege a vous tous et toutes et benisse et protege a votre belle Algerie.

Ma Resistance

Tu es ma reverence a moi, ma resistance a moi,
ma chance dans cette vie pour mon indépendance et
liberté.
Tu es venu vers moi, sans hésitation, le coeur et l'âme
grands ouverts.
Tu m'as vu telle que je suis, épuisée de ce grand voyage
sur cet océan immense et seul qu'a été ma vie avant toi.

Tu es ma force, ma chanson à haute voix, la lumière dans
mes yeux, mon sourire et ma joie, mon souffle léger, libre
de poids.
Tu marches vers moi, les mains ouvertes, le regard
tranquil et solide.
Tu m'écoutes, tu me comprends, tu es mon silence et
mon chagrin résolus, guéris.
Tu connais mon histoire mieux que moi, car tu me vois
l'âme, et ses rêves et ses souffrances.

Tu es ma reverence a moi, ma fierte, mon courage et mon
espoir,
venu de l'esprit et sa charité enfin vers moi, pour être
celui près de qui je veux explorer
ce qui reste de ma vie, pour connaître le bonheur d'être
une fleur sauvage et innocente, libre de ces chaînes que je
traine depuis toutes ces années derrière moi. Tu es ma
révérence, ma resistance.

Tu etais la

Tu étais la, il y a longtemps, au moment ou mon
innocence de jeune adolescente
découvre ses rêves et ses espoirs.
Tu étais la quand j'écrivais mes premiers poèmes, quand
j'ai découvert le pouvoir de mes écrits
pour combattre la solitude et le silence.

Tu étais la, quand j'ai trouvé le courage de laisser l'esprit
guider mes pas,
quand j'ai découvert les mots de Kahlil Gibran, d'Antoine
de Saint - Exupéry, d'Albert Camus.
Tu étais la quand j'ai senti les premiers sentiments
d'amour, son espoir, sa joie,
tu étais la pour adoucir le premier chagrin, et la première
fois que mon coeur fut brisé.

Tu étais la, pour m'encourager, pour me garder et me
rassurer,

tu marches à côté de moi depuis toujours, et c'est si bon
de te connaître de près ces jours.
Tu es la, mon ami et esprit discret, a mes cotes sur le
chemin de mes exploits,
tu m'écoutes, tu es présent, tu es la chanson au fond de
mon être, le ciel et la terre de ma vie de poète.

Tu étais la, et je ne le savais pas, toutes ces années, à côté
de moi, sur ma route solitaire,
et l'Esprit t'a révélé à moi, finalement, et tu es la, comme
tu l'as été depuis ma naissance,
depuis le moment où j'habitais encore les étoiles, depuis
mes premiers mots, mon premier sourire.
Tu es la, celui qui sait comment me toucher l'âme.

Abattez - moi ces Murs - Un Poème d'Amour pour la Kabylie

Abattez - moi ces murs, haut tout autour de moi, je vais trouver le chemin vers la liberté.

Ce sont des murs construit dans ma tête par l'incertitude dont la vie m'avait convaincue, ils ne sont ni réels ni insurmontables.

J'en ai déjà enlevé les pierres les plus têtues, et je peux goûter déjà
la douceur d'une nouvelle vie, d'un destin qui marche à côté de moi,
pas en avant, pas derriere, je suis libre parce que je decide de l'etre.

A bas les murs, a bas la peur, a bas le désespoir et au feu avec toutes les chaînes de cette prison, ce tombeau ou la vie m'avait enterré vivant, quand mes rêves étaient trop innocents pour protester la cruauté.

Je vais abattre ces murs, une pierre à la fois, j'ai l'esprit
fort et résistant,
rien ne l'a abattu, rien ne l'a réduit, rien ne l'a soumis.
Je suis libre, je choisis mon chemin a moi.

Donnez - moi les montagnes de la Kabylie, donnez - moi
ses cascades et ses couchers de soleil envoûtants, donnez
- moi ses chansons berbères, son courage, sa passion et
son coeur grand.
Donnez - moi la chance d'être libre dans son âme, dans
ses yeux, dans son passé, futur et présent.

Le Precipice: Invitation au Courage

Au bord, sur la pointe des pieds, un mur solide dans le
dos, et le ciel immense devant,
le souffle fort et le coeur battant comme un tambour,
j'étends les bras comme les ailes d'un oiseau.

Peut-être le vide n'existe pas, peut-être que le noir n'est
qu'une illusion, peut-être que le mal n'est qu'une
chimère, et peut-être le danger est juste un mythe
inventé par les lâches et les monstres.

Au bord, sur la pointe des pieds, un mur solide dans le
dos, et les étoiles brillantes devant,
les yeux fixes et la voix haute comme le cri - cri de l'aigle
grand, je tombe sans perdre le poids du sol.

Peut-etre tu n'existes pas, peut -être que le soleil qui me
brûle n'est que le feu qui vit dans mon coeur,

et peut- être l'espoir est la seule chose vrai et éternel dans
cette vie.

Au précipice, il n'y a pas de détour sans risque, l'écho ne
donne pas de réponses,
on reste ou le dos collé au mur solide ou on saute, avec
un peu de chance, dans les bras solides
d'un ami, d'une âme soeur en bas.

Le Moment

Derrière la couche ou la réalité et l'illusion se rencontrent
pour s'ouvrir comme une boîte à musique oubliée, est le
moment qui nous attend depuis longtemps.
Dans le silence de rêves anciens qui cherchent leur
destin, et se tracent un dessin avec la mémoire
de joies et de chagrins, est le moment qui nous invite
depuis longtemps.

En face du mystere de nos corps, de nos mains, de leur
desir,
qui essaient de comprendre où commence et finit la
distance entre nos coeurs et nos âmes,
reste la question du pourquoi perdu dans les chants et
echos du temps.

Ombre et lumière, innocence et courage, ocean et
horizon, rive et riviere,
l'odyssée pour découvrir et garder le moment ou l'oubli et
l'espoir mènent

vers le bonheur, simple, libre, pour voler aux ailes

grandes ouvertes sous un ciel

qui s'étend avec chaque pas, chaque brise qui court après

nos sourires et nos larmes.

Tu te rapproches, et le ciel s'étend.

Est - ce Qu'il y a Une Place?

Est - ce qu'il y une place spéciale pour ceux qui donnent
tout ?

Est - ce que le ciel les dit les bienvenus, a tous ceux qui y
entrent le corps et l'esprit brisés?

Est - ce qu'il y a une place ou ce qui reste de leur
humanité torturée peut se guérir et retrouver la dignité?

Tous ces coeurs, d'enfants, d'adultes, hommes et femmes
courageux qui ne connaissaient pas la peur
et donnaient tout pour l'amour, l'espoir , le pays, est - ce
qu'ils seront reconnus parmi les étoiles et leurs gardiens?

Toutes ces blessures, tout ce sang, tous ces cris, toutes
ces larmes, tous ces vies et rêves rompus, corrompus,
est - ce qu'ils vont être ramassés par des esprits la haut
ou les étoiles brillent depuis le début du temps?

Est - ce qu'il y a une place ou tout le mal s'évapore, ou
toute misère est oubliée, ou le sourire se retrouve,
l'innocence et la joie, ou nul enfant souffre l'abus, ou

aucun courage est trahi, ou aucun espoir est condamné à mort ?

Dis - moi, est - ce qu'il y a une place pour ceux qui donnent tout ?
Est - ce qu'il y a une place ou les monstres de la terre deviennent de la poussière sous les bottes de guerriers célestes?

Au Ralenti

Dansant sur un fil invisible suspendu haut dans le ciel de
mon être,
mes pieds cherchent l'équilibre sur le rythme d'une
mélodie qui me reste étrange.
Les bras étendus tel un danseur en costume de théâtre, je
vois le précipice en bas,
riant au défi au ralenti qui se présente devant mes yeux.

Je chante, et seul un grand aigle aux ailes étendues a le
courage de me repondre le cri fort.
Il me regarde, sur, fier, et voit que les seules ailes qui
sont les miennes sont ces bras têtus
qui refusent de se rendre sauf à la liberté, haut dans ce
ciel bleu et grand ou est son royaume.

Dansant sur un fil invisible suspendu haut dans le ciel de
mon être,
mes pieds cherchant l'équilibre sur le rythme d'une
mélodie qui se présente devant les étoiles,

je m'approche les bras étendus tel un danseur en

costume de théâtre, je vois le soleil en face,

ou l'aigle m'attend pour me guider les pieds libres du fil

invisible qui me tenait prisonnier.

Centrifugeuse de Cendres

Le béton gris au - dessous de mes pieds dans un silence
qui hurle sa solitude absolue
Je marche muet et sourd au mots et bruit autour de moi
Le sourire en place, les yeux ou le vide a mis sa masque
de verre
Je ne suis nulle part du centre de mon être.

Centrifugeuse de cendres, pulvérisant le rouge du sang
restant de mon âme
Je tombe oiseau sans ailes vers un sol qui n'existe que
dans la mémoire d'un rêve
Le temps suspendu comme une vidéo errante, ma voix
est un écho sans réponse
Je me rappelle le chant des oiseaux le matin la ou il n'y a
plus personne maintenant.

Centrifugeuse de cendres, ou pleurent les rêves fragiles et
se moque le métal lourd

Je suis qui je suis quoi, une illusion perdue un coeur
aveugle battant sans son
Les larmes coulent et nulle les voit, les sanglots se
perdent dans le soleil et le soif
J'existe peut - être, entre les ombres des mots de mes
poèmes, entre les cris de leurs pas.

Lune Blanche, Sang Noir

Il y a un couteau invisible au milieu de mon coeur,

la chaleur de sa lame brûle ma peau.

Que fait un couteau au milieu d'un coeur qui continue à

battre,

qui se couche la nuit, et se leve le matin?

Ce couteau qui le rend difficile

ne pas me heurter dans des murs sans me blesser pire

encore,

c'est dur de le cacher sous mes habits, sous mon sourire

douloureux,

sous ma voix qui soudain est rouge en couleur.

La lune la nuit est blanche, mais mon sang autour du

couteau durcit en noir.

Noir comme l'encre pour mes poèmes, qui luttent pour

enlever le couteau

de mon coeur, pour qu'il ne tue pas aussi mon âme.

Au côté droit du couteau, commence à fleurir une fleur
bleue qui doucement dit ton nom.

Deus ex Machina - une Priere d'Intercession

Sans toi, je ne peux guère respirer, je me sens comme
une fantôme cherchant
le chemin pour être au - delà de simplement exister,
tu me manques, rien a dire, c'est comme dit Julien Clerc
dans une de ses chansons
" Souffrir par toi n'est pas souffrir ", pour moi c'est plutôt
comme mourir,
pour essayer de renaitre de mes cendres, pour ne plus
avoir peur de rien,
et pour mieux comprendre, pour guérir les souffrances.

Tu es mon âme, tu es mon coeur, tu es avec moi dans les
moments de pire douleur,
tu es mon être de l'autre bout du monde, tu es ma joie,
mon souffle, mon inspiration,
mon courage, mon chagrin, mon bonheur.

Le temps coule comme une rivière, son bruit parfois me
rappelle le mystère
d'aimer autant avec juste l'intrépidité comme guide et de
brûler dans le feu de l'amour
et ses exigences, de saigner rouge sans les traces visibles
des blessures du corps.

 Avec toi, tout est lumière, le soleil et la lune chantent
l'espoir, je me sens légère
et libre, mon sourire une étoile qui a ton nom, ma voix un
oiseau tranquil et en paix,
tu es avec moi ou je vais, le jour et la nuit tu
m'encourages, tu m'accompagnes.
Alors, je m'imagine que tu n'es pas loin, je m'imagine que
tu es ici avec moi,
je m'imagine ton sourire et ta chaleur, je m'imagine le
partage de rêves,
le bonheur si rare de le trouver sur cette terre.

Peut - être il y a un dieu ou déesse quelque part, qui a un
peu de temps pour écouter ma prière,

qui permettra qu'on soit libre, qu'on soit heureux pour le
peu de temps qui nous reste sur cette terre,
je doute que c'est l'office des dieux d'encourager la
tristesse et la misère.

Sorumeito - sur les Ailes de l'Ame

Au - delà des tempêtes de la vie, au - delà du monde et
ses bruits,
il y a ceux qui restent fidèles, qui disent toujours oui aux
défis.
Quand la vie se met en colère, quand les pluies tombent
plus vite que la raison et le mystère,
il y a ces âmes fidèles qui continuent à marcher avec
nous.

Sur les ailes de l'âme, ces amitiés fidèles nous partagent
le chemin et ses demandes,
ils ne se plaignent pas, ils ne découragent pas, ils sont le
vent doux qui calme le feu de nos misères.
Quand la nuit ne trouve plus les étoiles, et le soleil se
cache derrière les nuages sombres de nos tristesses, il y a
ces âmes fidèles qui chantent pour nous la mélodie qui
nous rappelle que si la vie est
belle malgré tout, malgré le mal qui existe et le doute que
semant ses graines.

Sorumeito, sur la route de l'odyssée irrésolue qu'est la vie
sur cette terre :
merci pour votre courage, merci pour votre présence,
merci pour votre esprit noble,
votre humilité et votre foi.
Grâce à vous, l'espoir n'abandonne pas la danse difficile
que souvent exige le destin dans ses moments de caprices
et exigences sournois.

L'espoir est la fleur de l'humilité et la racine du courage.
* Sorumeito est le mot en japonais pour ame soeur.

Le Fil le plus Fort: La Puissance de l'Invisible

Dans ces moments ou le courage se fatigue, et le coeur se rend à la douleur de l'intime
si on trouve la force de continuer sur le sentier dur devant nous,
une voix nous rappelle, au fond de notre âme, que le fil le plus fort est celui qui est invisible.

Comme un mystère de l'Esprit et sa charité, ce film réunit les pièces de notre coeur blessé par le monde et ses cruautés, ce fil sait coudre avec gentillesse et élégance, pour nous présenter le coeur plus fort qu'avant, plus fier, plus sur.

Comme la voile de l'araignée n'apparaît claire qu'avec la rosée de l'aube, qui décore son art
avec des perles brillantes une fois touchée par la lumière, ainsi les larmes du coeur décorent le fil

qui nous unit indivisiblement à ceux qu'on aime parfois

face à tant de peine, tant de défis.

Que saigne alors mon coeur, qu'il crie pour ta douceur,

qu'il brûle dans le feu de ton absence,

que s'illumine ce fil fort comme du fer qui unit nos âmes

comme deux épées forgées dans les flammes de

l'épreuve, le fil qui dessine avec force tel un couteau aussi

guérit comme la médecine.

Haut dans le ciel Aquila Haliaeetus leucocephalus crie

ton nom, et me rassure ta présence

malgré tout, je souris, je me bats comme une lionne pour

la dignité, pour le bonheur,

pour ce fil si fort entre deux âmes, béni par la sagesse

immense du ciel et ses étoiles.

L' Absence: Entrée par des Portes Fermées - pour Katia Djabri

Ce n'est que dans le noir que la lumière reçoit son
meilleur éclat,
qu'elle se dessine avec toute sa force, tout son pouvoir.
Les étoiles comprennent cette sagesse, et savent que c'est
pour ca que leur magie est si forte.

La douleur ne s'échappe pas à cette loi, elle parfois résiste
cette vérité, mais avec un peu de chance
les ténèbres n'ont pas de remède que de partager leurs
couleurs avec le blanc de l'espoir et du courage.
La mort est un mystère qui avec l'exactitude d'un couteau
coupe en deux nos liens et leur importance.

Les portes fermées que la mort nous impose laissent nos
coeurs en peine et rage,
telle une tempête de mer qui se moque des efforts des
vagues rebelles contre les rochers durs et sauvages.

Ce qui surprend toujours est la persistance des liens de

nos coeurs au - delà de la mort et de l'absence,

telle une blessure du corps, le chagrin a la couleur du

sang rouge et chaud, et nos larmes ont le goût du sel froid

et aigu des océans.

A travers les portes fermées de la mort, la présence de

ceux qu'on a aimés et aime encore

se transmet comme un souffle réel, une mélodie et un

coeur battant qu'on entend tel un tambour,

telle une voix, qui nous fait comprendre qu'on ne perd

jamais ceux qui se sont unis à notre âme.

Ils nous visitent dans nos rêves, ils nous accompagnent le

sentier de ce qui reste de notre vie,

ils partagent nos rires et nos cris, nos joies et nos

misères, leur corps absent, mais leur esprit une caresse et

tendresse palpables.

Ce poème fut inspiré par la belle photo en blanc et noir
du 20 août de Katia Djabri, qui montre des bras en
étreinte d'une personne absente.

Paix aux âmes des personnes aimées de votre famille,
Katia, que la mort a force de vous quitter.

La Dernière Escalade de l'Été: Le Mystère du Temps qui Passe

C'est quoi ce parfum au senteur doux et fort à la fois, qui

pénètre le silence du matin?

Ondulant comme une vague sans ombre, ce parfum a des

sons et des soupires qui laissent

des traces comme des pas clandestins et timides.

C'est quoi cette présence qui caresse avec un peu de gêne,

et qui fait mal et donne un frisson?

Un souffle de regrets opaques et fragiles, ce parfum du

fin de l'été qui annonce l'automne

touche la résistance de l'âme avec le mystère du passage

du temps.

Les feuilles jaunes tombent des arbres verts et fiers, tels

que les feuilles de souvenirs éphémères

de nos vies, le parfum au goût doux et amer tout en un

qu'apporte le changement de saisons

sur cette terre. Le temps passe et c'est seulement les liens de l'âme et ses lumières qui survivent le portail éternel.

C'est quoi ce parfum au senteur doux et fort à la fois, qui pénètre le silence du matin?
Une danse et une chanson, une voix et une larme, un sourire et un courage,
c'est chacun de nous qui nous battent comme des guerriers sur le champ de la bataille
pour la survie de la fleur et sa racine qu'est être une personne et l'énigme
qu'est notre existence ou peu sont les guides et beaucoup les trous noirs et les épines.

Le Chant de la Montagne

Randonneurs et Randonneuses en Kabylie

Venez me voir, héritiers de mes chagrins et de mes

fiertés, je suis votre âme, votre résistance.

Je suis le theatre de vos courages, les forêts avec leurs

arbres anciens sont les chorales

de vos voix forts qui se rappellent les défis de l'histoire

vécus dans ces montagnes.

Mon echo remonte aux sables du désert, aux mémoires

des héros de vos batailles.

Je suis votre âme dans ces moments où l'espoir a ses

doutes et cherche l'inspiration des étoiles.

Venez me voir, la marche sur mes sentiers vous va

soulager et ressourcer le coeur et ses liens.

Venez, mes camarades du destin de cette belle Kabylie,

cette rebelle, qui comprend le feu

de vos douleurs et ses rages.

J'aime entendre s'approcher vos pas vers les rivières, les

cascades et les sommets,

j'aime la compagnie de vos rires et vos exploits près de

mes fleurs et les animaux qui

habitent les collines et les vallées, j'aime vos villages qui

s'accrochent à moi et s'illuminent

les soirs et les nuits avec les rêves de vos enfants et de vos

poètes.

Venez me voir, je suis votre montagne, je suis l'esprit du

ciel et ses aigles et ses cigognes,

je suis l'eau de votre soif, la prière de vos âmes qui

m'entourent comme des lumières éternelles.

Venez me voir, venez chanter avec moi, moi aussi, j'ai

besoin de compagnes.

Pour les Randonneurs des Babors.

Pour les Marcheurs.

Pour les Randonneurs du Sahel.

Et pour Djamil Diboune.

Dans les Coulisses: Angoisses de Voyage

Tant d'années d'espérances, tant de repetitions generales

épuisantes et abrutissantes,

tant de doutes surmontées, tant d'acteurs invisibles

comme partenaires de rêves.

Tant de coupures d'haleine, tant de mépris à peine

déguisées, tant de tristesses revêtues

de costumes gais, de rires forcés et à peine manques, tant

de jours qui paraissaient des nuits noires.

Voila le jour ou le rêve rencontre la réalité, cette fois sans

grimaces ou double entendres,

sans trahisons sadiques ou cruelles promesses, voila ma

valise et ses poèmes, prêts et pleins,

le coeur frais, l'âme jubilante, voila le vol qui m'attend,

ses ailes d'aigle grandes et accueillantes.

Voila l'Afrique du Nord qui s'approche, belle et fière, avec

à ses côtés un beau sentinel aux yeux d'ambre.

*****

L'horizon un geste de grâce, une caresse des cieux et
leurs gardiens patients,
je me promène, je danse tout près, tout près de la terre
ou mes écrits vivent et dorment
et m'attendent, l'Atlas, le Djurdjura, les Babors, la mer et
le désert, l'histoire et les esprits anciens
du continent qui a vu naître la race humaine.

Tant de courage sur des chemins invisibles qui m'ont
menées vers les rives de héros et rois,
tant de obstinations répétées des milliers de fois tel les
pas du danseur ivre de ses passions.
Tant de cris supprimés, tant de mystères et magies
brûlées pour soulager la solitude et les humiliations
d'être une poète errante, une écrivaine sans voix jusqu'au
moment où le coeur immense berbère m'a
ouvert le portail vers mon identité et mon destin, vers
l'espace grande et généreuse où vit mon esprit depuis le
début du temps: au coeur battant de la Kabylie et son
énergie, sa force et son génie.

Le Coeur Ouvert: Les Nuances de la Perspective

Le coeur ouvert est un oiseau grand aux ailes invisibles
qui néanmoins volent haut
dans l'air immense.
C'est un voyageur qui traverse la vie sans bagages, de qui
ses pas laissent des traces
rassurantes, qui ne compte pas ses vertus ou ses
victoires, mais qui se met en route
aussitôt qu'une autre âme necessite sa benevolence.

Le coeur ouvert touche avec conviction mais sans
arrogance, sans presumir que sa passion
mérite des accolades, car il y a trop d'autres défis que lui
appellent l'espoir pour inspirer
la joie et le courage.
Le coeur ouvert aime, parce que aimer c'est l'ultime
liberté, donnée sans vouloir autre chose que
le bonheur de son partage.

Anticipation Douloureuse: La Blessure Fière du Voyageur Errant

Un vent doux comme du miel, un souffle au chant à peine audible,

une danse de pas invisibles, un mélange de joie et mélancolie,

le matin s'annonce avec l'air frais des montagnes berbères et leurs villages tranquils

sûrs dans leur but, surs de leur presence.

Moi je m'accroche à la réalisation que bientôt ces montagnes s'éloignent,

comme mon corps de voyageur qui trouve son âme et son coeur qui comprennent

qu'arrive le moment de la douleur, cette anticipation inevitable de la separation

quand le chemin a accompli ses besognes.

Cette blessure invisible, qui s'annonce comme une ombre subtile, qui invade

comme le froid le feu de mon âme, qui en Afrique du
Nord a trouvé sa compagne,
son être, ses rêves et ses traces d'identité et
appartenance.

Cette blessure rouge qui coule, qui pleure, avec des
larmes salées et chaudes,
et que je ne partage avec personne, sauf le vent et les
oiseaux des montagnes,
ce sang fort qui hurle le silence qui s'est libérée de sa
prison tant dure,
résiste d'y retourner encore, résiste tolérer cette peine,
qui me suit comme mon haleine.

Oh, montagnes miséricordes, emportez une partie de
mon âme, et gardez - la près de vous
jusqu'au moment que je puisse retourner près de vos
bras grands accueillants et charitables,
gardez entre temps les souvenirs de ma présence, et
donnez - moi un peu de votre résistance.

Aidez - moi à tolérer le chagrin de m'être retrouvée pour

devoir encore être si loin de vos caresses,

de votre sagesse et de la porte et fenêtre ouvertes d'etre

chez moi, finalement libre, digne et heureuse,

enchantée et fière du poids rassurant de vos douces et

chargées promesses.

Les Arbres: Interlude - pour Djamil Diboune, Rachid Oulebsir et Katia Djabri

Ce poème fut inspiré par une photo chacune de la part des photographes de la nature Djamil Diboune et Katia Djabri, une photo de deux arbres, solitaires, sous un ciel clair bleu, l'arbre de la photo du 6 octobre, de Djamil Diboune avec un air de nostalgie, de rêve, sur une colline descendante, la couronne de l'arbre abondante, bien ciselée dans les silhouettes ébènes de son tronc et ses feuilles soigneusement sculptées. La photo de l'arbre de la part de Katia Djabri du 7 octobre, est d'un arbre qui a les branches moitié coupées, mais qui n'apparaît pas réduit en présence et énergie, et qui a les branches blessées haut vers le ciel tels des bras en danse ou supplication spirituelle.

Ces deux photos ont inspirées un poème, qui m'a fait penser aussi à l'idée de publier un livre qui aurait les photos des articles à côté des textes. Une belle idée, à penser, à étudier, qui a le soutien en esprit de mes amities en Kabylie. Un projet pour le futur.

****

Si - Un Poeme pour l'Esprit de la Nature

Si je pourrais devenir tel ces arbres résistants, j'aurais à ce point déjà
la sagesse de ses ancêtres, j'aurais entendu déjà leurs chants sonores,
leurs voix fortes, leurs echo haut dans les montagnes.

Si je pourrais être tel ces arbres, sûrs et calmes, je saurais toucher leurs souffles éternels,
qui comprennent le rythme des saisons, des étoiles et de la lune.

Si j'apprendrais à écouter tel ces arbres, je connaîtrais la chanson du silence,
le mystère du temps qui passe et la paix de l'oiseau et ses danses haut dans le ciel.

Si j'avais la patience de l'arbre, je perdrais la doute et les
ombres qui cherchent à confondre l'esprit du bonheur, je
comprendrais que le temps n'est pas une ligne tel que
l'horizon paraît,
mais une présence au - delà du passé, futur et present.

Les arbres comprennent tout ca, et c'est pour cette
raison, accrochée à la terre, leur etres
restent néanmoins libres tel les oiseaux qui font leur nids
dans les rêves grands de leurs branches.

Ce poème est dédié à l'écrivain Rachid Oulebsir, et ses
efforts nobles de retracer les contours de l'âme humaine
dans ce monde en risque grave de perdition.

Entre Ombre et Lumière

Entre ombre et lumière,

tu m'as trouve, sur un chemin seul et isolé.

Marchant toi aussi, sur un sentier difficil et solitair,

doue d'un coeur et esprit et gentillesse

aux intuitions et sensibilités aiguës et raffinées.

La main dans la main, avec confiance au destin,

on marche ensemble, nos pas surs, patients, silencieux.

Tes yeux, gardiens de mon sourire, m'accompagner,

avec respect, avec passion.

Je respire avec calme, avec joie, tout est en ordre,

avec toi qui vit dans mon coeur, tout est bonheur,

n'importe les defis, n'importe la distance entre nos corps,

Et les moments ou nos sourires, nos voix

peuvent rever ensemble, en presence tolerant

du ciel et ses envoyés et ses plénipotentiaires

qui nous protegent.

Le Moment - Un Poème sur l'Insaisissable

Ce matin, avec la pluie froide securement dehors, venu

d'un point loin et silencieux,

il y avait ce moment, bref, et peu concluant, ou le

manque de votre amitié m'a brièvement visité.

Tel une brise de laquelle on reconnaît son parfum, avec

l'arrivée du changement des saisons,

le manque fut comme une ombre sentie, pas vue.

Une amitié qui remonte plus de 30 ans, qui a survécu la

distance de deux continents, avec patience, diplomatie et

humour, on s'est vu à nouveau, au Maroc, ce pays qui

ensemble avec l'Algérie enchante mon imagination, avec

la richesse de son histoire, de ses cultures, de ses rêves.

Admise dans votre vie, accueillie avec respect et

générosité, j'ai vécue des moments d'espoir et de grâce,

qui m'ont remplis de dignité, de fierté.

De retour maintenant, ma mémoire revit le séjour en
Afrique du Nord, tel un film chéri,
et parmi ces souvenirs que j'ai su ramener pour en
remplir mon âme et mon coeur,
voila que s'est présenté ce moment elusif de vous
manquer, bereavement, invisiblement,
comme le premier goût chaud d'un thé ou cafe.

Vaguement présent, vaguement absent, ce moment
insaisissable tel un pas de danse qui se cache dans les
coulisses d'un théâtre, reste pourtant, telle la voix d'un
étranger qui brièvement nous passe dans la rue et de qui
on pourtant reconnait son rythme, sa mélodie.
Ce moment qui a disparu, mais qui quelque part reste
quand même, au fond de ce qui se définit comme
l'histoire elusive de la vie.

Chanson Automnale - Une Celebration

Dans l'espace entre ombre et lumière, il y a une douceur ou je me promène,

ou je te rencontre, en bonheur , en silence parmi les fleurs et les arbres.

C'est la ou j'entends le son de ton âme, la voix de ton coeur.

Mes pas y sont à un rythme d'aisance et paix, je te tends la main en toute confiance,

je te souris, et de loin, tu me souris à ton tour, le ciel au - dessus de nous un messenger gentil.

La chaleur de nos rencontres une grâce divine, une joie hors du temps et ses limites.

Dans l'espace entre ombre et lumière, il y a une douceur ou on se promène,

ou on se parle, en bonheur, en joie, parmi les oiseaux et les écureuils.

C'est la ou tu entends le son de mon âme, la voix de mon
coeur.

T'es pas y sont un rythme d'aisance et paix, tu me tends
la main en toute confiance,
tu me souris, et de loin, je te souris a mon tour, le ciel au
- dessus de nous un messenger gentil.
La chaleur de nos rencontres une grâce divine, une joie
hors du temps et ses limites.

Entre Ciel et Terre

Entre ciel et terre, entre soleil et lune,

entre mer et roche, entre jour et nuit,

on se trouve, dans les pas de deux de nuances.

Deux coeurs qui ont su s'unir au - delà des lois physiques,

deux âmes qui chantent la même mélodie d'une grande

chanson,

on danse, on échange, on rêve sous le regard du ciel et

ses benevolencia.

Entre ciel et terre, entre fleur et arbre,

entre montagne et forêt, entre lever et coucher,

on s'aime, on se soutient, tel les racines d'un arbre esprit

imposant.

Deux etres forts, resistants, qui se comprennent

mutuellement,

feu et cascade, souffle et courage, au - delà du monde et

ses misères,

on sourit, malgré les peines, de se trouver à deux côtés du miroir de la vie et ses mysteres.

Le Voeu du Dragon - Une Chanson de Passion Rebelle

Si par hasard dans un monde imaginair j'étais un dragon grand et puissant,

j'étendrai mes ailes musclées et je sauterai, les griffes de mes pattes étendues,

haut dans le ciel immense, au - dessus des montagnes et leurs étoiles, pour être avec toi.

Je garderai chaud mon nid immense, je le couvrirai de laine et de soie,

je t'y garderai sauf et sur, loin du monde et ses maux et ses poisons,

je te couvrirai de mes caresses, prudente de ne pas te déchirer avec ma force et passion.

Si par hasard, j'étais un dragon puissant aux pouvoirs magiques, je te protégerais

telle une guerrière féroce de tout qui te troubles, de tout chagrin et désespoir,

je t'emmènerai, là où la terre touche le ciel, ou l'eternel
nous parlera.

Je suis pour le moment juste une femme qui t'aimes
comme la vie même sur cette planète,
une âme et coeur qui brûlent pour toi tel le dragon de
mes rêves et mes contes de fée d'enfant,
je hurle en silence ton absence, je touche le feu chaud de
ton manque.

Si par hasard dans un monde imagine tu étais un dragon
grand et puissant,
tu t'entendras tes ailes musclées et tu sauteras, les griffes
de tes pattes étendues,
haut dans le ciel immense, au - dessus des montagnes et
leurs étoiles, pour être avec moi.

On garde chaud le nid immense, on le couvre de laine et
de soie,
on s'y garde sauf et sur, loin du monde et ses maux et ses
poisons,

on se couvre de nos caresses, de l'autre bout du monde,

ou on se trouve comme ca.

Amor omni subit. Valor omni vincit. On coule ensemble,

sang et souffle, libre, fort.

Soliloque - Le Dilemme du Poète

Dans un silence qui traîne derrière lui le froid et le gris,

les arbres se rappellent l'été chaud et le chant d'oiseaux libres,

se rappellent le soleil et ses rayons d'or qui caressent leurs couronnes et les champs.

Mes pas tracent leurs ombres tels des papillons perdus,

cherchent leur écho au - delà du chemin long devant moi,

ma voix se cache dans le tapis de l'herbe, qui s'accroche au soupir

de la lune voilée, aux souhaits des étoiles endormies et nostalgiques.

Mes écrits m'accompagnent la ou juste quelques personnes voient le combat difficil,

mes poèmes chantent la ou seul un aigle patient voit la solitude de leur mélodies, la

ou le ciel cherche la terre, et la terre pleure l'absence de la conscience des hommes,

et dans cette ombre solemne, je trouve l'espace où vit la
paix intérieure qui me soutient,
dans ces moments agonisants ou personne entend le cri
douloureux qui s'échappe de mon âme.

Pour mes ami(e)s en Kabylie, qui m'ont accueillis le
coeur ouvert, et
qui ont permis le début de la renaissance pour mes
poèmes et mes écrits.

Les Montagnes Ici - Une Chanson pour la Kabylie

Les montagnes ici sont beaux et grands,

mais pas aussi grands et beaux que les montagnes en

Kabylie.

Les montagnes ici, je sais, m'invitent aussi d'y venir

marcher,

et mon corps y va, et rêve de l'Algérie.

Les montagnes ici sont beaux et grands,

je sais, tout le monde me le dit.

Ce que les montagnes ici manquent, c'est mon coeur,

qui vit la - haut, dans les montagnes de la Kabylie.

Les montagnes ici pour moi résonnent avec l'echo

des chants pacifiques chaque vendredi du courageux

peuple algérien,

et mon corps, il faut bien qu'il retournera aux montagnes

du Djurdjura et des Babors,

parce que c'est la que pourra se réunir à nouveau, mon

corps

a mon coeur de poete, et se trouver encore, libre,

heureuse,

parmi ma fiere, grande, belle famille berbere.

Home is where the heart is.

Le Pont: Le Chemin a Traverser

Sur un grand pont, suspendu soigneusement entre ciel et
terre,

je marche avec seul mon coeur battant comme bagages.

Je traverse avec chaque pas encore une fois, la distance
qui nous sépare,

cette espace grande entre l'Amérique et l'Afrique,

et j'entends le cri de l'aigle qui m'assure que je suis un
bon chemin.

Pour arriver la ou on a commencé, assis ensemble, côte à
côte,

notre histoire si belle, si complique, on dirait

un conte de fée d'un grand livre enchante.

Entretemps, on se parle, on s'écoute, dans l'ombre des
immenses

montagnes de l'Algérie, qui hebergent mon ame et ses
poemes.

Après toute une vie comme écrivaine cherchant mon

identité compromise

et une raison pour vouloir guérir et oublier la solitude de

m'avoir perdu

dans la brume de l'exile, me voila libre, sure, marchant

sur ce grand pont,

toujours vers toi, qui de l'autre côté m'encourage, et

m'attend patiemment,

mon guide esprit, l'aigle de la Kabylie.

Le Cri - Quand le Silence hurle

Qui peut dire juste combien d'âmes hurlent en silence,

mis dans des cages invisibles d'intentions

mal guidees?

Qui pourrait compter le nombre de misères qui luttent

pour se libérer de yeux pleins de mal affamé?

Qui pourra jamais comprendre le courage de toutes ces

âmes, de tous ces coeurs, qui se mettent

en marche, chaque jour à nouveau, à grimper des

escaliers invisibles faits du désespoir, du malheur,

et qui avancent quand - même, et ont l'énergie de donner

leur lumineux sourire au passant distrait et inconscient ?

Qui voit ces passagers du destin tels des prisonniers

maudits, marcher avec courage, chanter à haute voix

dans les ténèbres de leurs prisons, qui voit les étoiles la

nuit, qui brillent pour eux, qui entend

la lune qui pleure ses larmes pour tant d'amour, tant de passion, tant de rêves, qui s'évaporent dans les espaces immenses du néant?

Sans courage, sans amour, sans amitié, camaraderie, solidarité et partage, on n'est que les roches mortes que se dévorent les monstres qui nous entourent, qui sont sourds et aveugles sauf qu'à l'avarice et le plaisir de pouvoir tourmenter les vulnérables de qui leurs cris hurles dans le silence
les amuse comme un son qu'ils peuvent presque, presque entendre.

" Essayez de rendre heureux a ceux qui vous entourent. La plupart des gens sont très contents de se constater bienheureux eux - mêmes. " dicton flamand.

Le Mystere: Une Observation, inspiree par "Vol Interieur" (Internal Flight) de Estas Tonne

Le guitariste et compositeur de l'Ukraine, Estas Tonne (né en 1975), à un album de 2013, au titre de " Internal Flight ", vol intérieur, de qui la couverture de l'album est une photo de l'artiste avec les yeux couverts, pas tel un prisonnier privé de sa vision, mais comme une invitation d'écouter l'album de sa musique mystique les yeux fermés. Cet album est magnifique, qui nous introduit non seulement à un monde différent, mais qui donne l'impression qu'on se trouve dans un univers différent. L'écouter les yeux fermés, permet de lui découvrir et voir toutes les couleurs et formes, brillantes, sublimes.

Je l'ai écouté avant d'aller dormir, et tôt, ce matin, je me suis réveillée avec une réalisation importante, un sens de joie et paix à la fois, un sens que la musique de Estas Tonne, et les mélodies de sa guitare très philosophe, passionné, et spirituelle, m'avait laissé un message très important au fond de mon coeur :

" Chaque personne a qui on s'approche, qui s'approche
de nous, est un mystère.

L'erreur fatale que font beaucoup de personnes c'est
d'essayer de comprendre, ou pire, de posséder le mystère
qu'est cette personne.

Il faut plutot l'accepter, le celebrer.

Un mystère libre est un mystère heureux, seul, en
compagnie, n'importe.

Ne coupez pas les ailes de ceux qui vous accompagnent
dans la vie.

Pas au nom de la passion,

Pas au nom de l'amitié,

Pas au nom de la famille,

Pas au nom de convictions ou incertitudes.

Laissez le mystère respirer et voler, librement entre vous,
pour leurs âmes, pour la votre,
et vous allez devenir libre vraiment.

Avec un bonheur sublime, pour vous, pour les personnes
sur votre chemin.

Malgré toutes les limitations et peines qui

Puissent se mettre sur cette route de l'aventure immense qu'est la vie.

Acceptez le vide, l'espace, qu'est nécessairement chaque personne, que vous êtes aussi.

Etendez - vos ailes librement, laissez - les étendre leurs ailes librement.

Le ciel est grand, il y a de la place pour être généreux avec votre souffle,

pour que celui à côté de vous respire grandement, librement aussi.

Vol de l'Esprit - La Prière du Coeur Prisonnier

Que je fonde dans le feu de la passion,

telle la lumière brûle dans les flammes de la nuit.

Que je devienne unie a toi, un souffle chaud,

qui t'accompagne, invisible,

qui vit dans le rythme de ton coeur battant.

Que je devienne ombre de ton ombre,

aux pas qui s'échappent les traces.

Que tu m'a neantisses, et me construises a nouveau,

des soupirs, des chagrins et cicatrices du destin.

Que je vole libre, poussière étincelante dans tes mains,

enlève - moi haut, dans le ciel de tes rêves, de ton regard,

ou je veux vivre et mourir, à côté de ton esprit, libre pour

toujours.

" Et il ne reste plus rien de remarquable sous cette lune de passage. "

(" And there is nothing left remarkable Beneath the visiting moon. ") William Shakespeare : Cleopatre, Acte V, scene XV, verse 66. " Anthony et Cleopatre ", (1607 - 1608)

Le Chemin Évasif - Un Poème sans Carte Routière

Sur leur chemin elusif, l'Amour et la Charité n'évitent jamais
une rencontre avec le Mystère, ce sentinel réticent et gardien fier
des secrets de tous les joies et chagrins sur cette terre.

Le long des rivières du Courage et ses camarades du Coeur grand et solidaire,
la vie exige tout de nous si on choisit de connaître à fond la douceur d'être humain,
ainsi que comprendre aussi l'inévitable autre cote du bonheur avec tous ses caprices et agonies.

Tel un dragon de qui le corps est souvent trop lourd pour ses ailes éphémères et les tempêtes
que celles doivent affronter dans le ciel et ses saisons de l'été et l'hiver de l'âme et ses défis,

on atterrisse sur le sol durement, quand on pense avoir compris comment toucher la lune et ses étoiles.

Homme, comme est bizarre votre destin, d'avoir les pieds sur terre, et de vouloir joindre la liberté des oiseaux dans leur vol. Nos coeurs battent sur le rythme des vents et leurs chansons, et savent guère
quoi faire avec ce corps qui l'entoure telle une prison son âme et ses intentions.

Vient alors l'Amour et la Charité, ces nymphes qui vivent entre deux mondes, celui de la terre et celui du monde de l'Esprit, pour nous apprendre à danser, à sauter un peu, libre des lois de la gravité,
pour goûter un peu à tout prix, cette magnifique sensation de la liberté pour notre souffle, pour notre sang.

Le Mur: Le Contour de la Barrière - pour l'esprit créatif indefatigable de Lemnouer Khaled

Un pas à la fois, il faut avancer doucement, lentement,

quand nos pieds sont sûrs du chemin, mais pas de sa

direction.

Car le chemin et sa direction souvent ne s'entendent pas,

et ne se comprennent que mal, tel un aimant qui

contradit son opposite

et lui fait le combat, faute de comprehension.

Ainsi le chemin, au lieu d'être une chance, une

opportunité,

devient un obstacle, un mur.

Grand et lourd, le mur ainsi devient pour notre âme

ténèbres

où devrait régner la lumière et l'espoir.

Impossible de vaincre les ténèbres sans la confiance

de la lumiere, impossible de détruire le mur,

sans lui refuser son poids et sa présence.

Le mur des obstacles existe en fonction de notre
perception d'eux,
faire leur détour souvent permet qu'on se trouve à
nouveau face a la lumiere,
avec l'ombre des ténèbres a une bonne distance.

Un mur ne bouge pas, c'est sa fonction de rester
immobile.
Notre esprit, par contre, est fait pour s'adapter, telles les
ailes de l'oiseau
s'adaptent aux vents et leur but et obsession.

Alors, face au mur qui resiste forcement,
le mieux qu'on puisse faire, c'est d'accepter son
machiavélisme monolithe,
et faire une petite danse discrètement en le contournant,
pour faire la surprise au mur après, qui ne se rendra pas
compte
que malgré sa porte fermée à double clé il y a toujours
une fenêtre ouverte d'évasion

vers d'autres horizons.

Je dedie ce poeme a mon ami au esprit et energie creatifs infatigables, Lemnouer Khaled, un ami fidèle et randonneur sympathique, au sourire contagieux et yeux toujours pleins de lumière.

L'Oiseau Rouge

Il est inutile de le nier, ce soir, la Kabylie me manque,

et aucun pullover de laine douce et chaude, me peut enlever

ce froid, ce frisson qui invade mon corps et coeur telle

l'hiver et ses vents gelés.

Il est inutile de nier cette blessure, qui coule telle une rivière de sang

a travers mes poèmes et mes rêves, ma Kabylie, j'ai besoin de toi ce soir.

Je veux voir tes colombes voler du balcon où je verrai

encore la silhouette de Yemma Gouraya.

Il est difficile, ces jours, de cacher ses larmes, qui telles des petites serpents

transparentes et lisses coulent à travers mes joues quand personne ne les voit,

il est difficile de supprimer ce chagrin, d'effacer cette ombre dans le contour de mes yeux.

Quel destin bizarre de trouver mon coeur finalement, en Algérie, en Kabylie,

d'y entendre la joie profonde qui résonne dans ma voix,

quand je suis près de ses villages et ses montagnes,

quand je suis parmi ma famille berbère, quand je suis entourée de la langue kabyle.

Quelle passion magnifique, qui tel un sort magique m'envahit tout l'être,

de me sentir libre, capable de respirer a fond, sans hesitation, de me sentir chez moi,

en Afrique du Nord, qui m'appelle vers lui depuis mon enfance.

Quelle joie, quel bonheur profond, d'être sur ses rives, d'y vouloir vivre et même mourir,

la ou mes poemes et mes ecrits volent heureux, des oiseaux aux ailes grands ouverts,

la ou mon coeur bat sur le rythme des chants berbères, et a dormi sous les esprits éternels des Babors.

Quelle souffrance, quelle peine, quelle douleur et torture
d'être si loin de la Kabylie,

ayant été une enfant d'elle pour un temps, sur ce voyage
tellement sublime et beau,

rien ne pourra enlever le sang de cette blessure que d'y
retourner, et retourner encore,

la ou pour la première fois dans ma vie, je vois mon
destin de poète et mon identité réclamée, libérée.

Les Lignes Sillon Nantes: Au Carrefour des Rencontres

Au carrefour des rencontres, dans le bruit de nos coeurs
et ses voyages invisibles,
de personnes qui nous touchent l'âme et ses exploits dans
la lucidité du jour et le sommeil de la nuit,
il y des lignes qui avec le temps deviennent claires, tels
les fils de soie de l'araignée que la fraîcheur de l'aube
illumine.

Ces fils d'araignée brillent tels des diamants avec la
lumière du soleil et même de la lune, quand celle se
réveille, pour annoncer le théâtre de merveilles de
l'amour, ou de la haine, comme l'être humain a des goûts
qui rarement savent maintenir l'équilibre entre paix et
guerre, et la danse continue,
d'essayer de comprendre la vie sur cette terre.

Les lignes sillon nantes entre ces êtres chers qu'on
rencontre le long du chemin, sont que des illusions,
qui en fait cachent une réalité beaucoup plus profonde
quant au coeur et ses intentions,
car, c'est rare de trouver une personne qui sait toucher ce
qui reste invisible entre deux coeurs,
ce qui reste invisible derrière les ombres des mots et
leurs chansons, de noter le parfum qui tel
des petits oiseaux s'envolent vers le ciel de nos yeux et y
cachent les blessures qu'on ne peut pas effacer.

Au carrefour des rencontres, dans ces moments rares où
le souffle chaud d'un être proche nous révèle les lignes
qui nous unissent, ce sont les lignes qui restent invisibles
timidement, qui sont les plus fortes, les plus courageuses,
les plus importantes. Ce que j'aime le plus en toi, est ce
que tu ne me sais pas dire, et ce que je sais tu as besoin
d'habiller en robes élaborées de silence.
Il y des blessures qui guérissent dans la lumière, et celles
qui telles les racines, ont besoin de la couverture
charitable du noir.

Le Sacrifice du Dragon: Lettre Ouverte aux Coeurs Libres

Le jour se leva avec une lumière douce et silencieuse.

La chaleur du soleil envahit tout mon corps,

mon coeur battant, mon ame et mes yeux.

Ta presence s'approche, une ombre chaude et gentille.

Le monde du rêve, un pont grand et haut,

s'étend comme les ailes d'un oiseau

de legende, bleu et immense.

Je te vois a travers tes yeux qui me suivent

sur ce chemin incomprehensible et long.

Tu me vois à travers mes yeux qui te suivent

sur ce chemin incomprehensible et long.

L'echo de nos espoirs comme des astres

en flammes, s'echappent vers un ciel enorme de cristal.

Le sang du dragon y laisse ses traces, son feu rouge,

le foyer et le refuge de nos chagrins.

L'épée dans la main, on avance, chantant à haute voix

les exploits de nos défis comme amis, forts et resistants.

Il etait une fois, nos souffles et le dragon

qui nous éveillait, laissant derrière lui les sommeils

de nos illusions et ses monstres cruels,

et sur son dos puissant et sur, on s'envole,

libres finalement.

Le sacrifice du dragon qui partage la joie du secret de la

fin de la solitude

agonisante que les hommes de la terre ont répandue

comme une maladie

infectieuse et mortelle, est maintenant la seule mémoire

qui vaut la peine

de ne pas oublier et brûler sur les champs du temps.

Amor omnia subit. Valor omnia vincit.

L'Arbre aux Bras de Soleil

Dans le silence du jour, dans ces moments
ou les oiseaux prennent leur sieste pour les amours,
et le ciel glisse son manteau bleu
vers l'herbe brillante de l'après -midi,
l'arbre grand au fond de la forêt près de notre jardin,
s'eveille.

Il entend ses branches muscles comme les bras
d'un danseur fier et amoureux.
Je lui ouvre ma fenêtre pour regarder
la beauté du soleil qui se met comme
un feu dans sa couronne immense.

Comme une étoile que l'univers m'envoie
pour soulager ma solitude qui me suit parfois
comme une ombre persistante

Le bel arbre aux bras de soleil, est là, et m'apporte
la poussière dorée d'un désert géant dans ses racines,

qui parfume mon sourire avec le goût et la lumière

de ses yeux brûlants.

L' Espace entre les Ombres

Il y a une foret ou on se promène sans compagnon, ou la lumière

est la même le jour et la nuit.

Les feuilles bruissent sous les pieds, et font un bruit

comme d'un sifflet.

Le silence y est comme le chant d'une cascade.

Le temps y coule comme dans une peinture surréaliste,

et on y marche tout droit vers le vide.

Comme cette espace entre les ombres qui mène

vers un chemin de sable, la, je risque marcher vers ce

vide impitoyable.

Les étoiles la nuit n'y brillent qu'à travers

un grand miroir au double reflet.

Je suis si près de mon coeur battant, me suivant comme

un petit oiseau innocent,

et quand je crains que tout ce qui reste de moi est cette
forêt immense,
je vois le dragon brûlant de ma passion qui vole autour
de ma tête,
hurlant la peine de tous ceux que j'aime, tous leurs
chagrins,
et aussi criant toutes les chansons de leurs rêves, qu'ils
partagent avec les miens.

On connaît tous les espaces entre les ombres, on se perd
tout
sans l'amour et l'appartenance, et on doit tous faire face à
cette forêt immense et son vide impitoyable,
qui n'explique rien et veut manger cru notre coeur et
notre courage.

Goût de Citron, Goût d'Orange: Un Poème sur le Mystère des Liens

Dans la lumière chaude de l'après - midi, un citron frais et une orange fraîche
sur le comptoir de la cuisine, avec leurs couleurs vives, dans un silence solemne,
racontent l'histoire de notre amitié.

Nées de l'Esprit et ses passions, sur un sentier difficil et réclamant,
tel le citron au goût fort et l'orange au goût doux, nos âmes souvent
se trouvent face aux défis et ses précipices accaparants.

Dans ce melange pas evident, on trouve toujours l'équilibre,
malgré les obstacles qui en fait, avec de l'effort et de la patience,
nous rapprochent chaque fois.

Gout de citron, gout d'orange, tristesse et joie, neant et

paradis,

sourire et larme, brouillard et lumière, cette amitié

durera.

Cette amitié et son courage brillera telle une flamme

éternelle,

dans les chroniques du firmament, même une fois que

tout

sera à nouveau poussière d'étoiles.

Pour l'esprit fort et résistant de la Kabylie.

Pour mon âme et coeur

qui vivent en Algérie.